ARMIN TÄUBNER

Tangrami
kinderleicht

▶16

▶38

▶36

INHALT

05	VORWORT
06	Süße Mäuse
08	Familie Schildkröt
10	Agile Eidechsen
12	Stolzes Löwenpaar
14	Freche Frösche
16	Schnelle Katzen
18	Der Fischer im Boot
22	Flinke Haie
24	Niedliche Lämmer
26	Familie Schwan

▶26

30	Wunderschöne Seesterne	56	SO WIRD'S GEMACHT
32	Neugierige Taucher	63	QUICKFINDER
34	Scheue Rehe	64	AUTOR/IMPRESSUM
36	Vier Eulen		
38	Zwei Hunde-Freunde		
40	Freundliche Lamas		
42	Vergnügte Entenfamilie		
46	Schillernde Fische		
48	Schnelle Schäferhunde		
50	Schimmernde Eisvögel		
52	Edle Strauße		

Tangrami kinderleicht

Wie ihr vielleicht schon wisst, setzt sich der Begriff Tangrami aus den Worten Tangram und Origami zusammen. Die Falttechnik erinnert stark an Origami und das Zusammenstecken der Figuren ähnelt dem beliebten Geduldsspiel Tangram.

Die Technik ist ganz einfach: Es werden Papierquadrate, die ihr schon fertig zugeschnitten kaufen könnt, zu Dreiecken gefaltet. So entsteht ein Basismodul, die Grundlage für alle Motive in diesem Buch. Damit lässt sich eine unglaubliche Vielfalt an Modellen zusammenstecken.

Es macht wirklich großen Spaß, die vielen wilden, fröhlichen und exotischen Wasser- und Landtiere aus den geometrischen Formen entstehen zu lassen.

Viel Spaß beim Falten und Zusammenstecken wünscht euch

Süße Mäuse

vernaschen gerne Kuchen

MOTIVLÄNGE
ca. 14 cm

MATERIAL PRO MAUS
* 7 Faltblätter in Weiß oder Grau, 10 cm x 10 cm
* 9 Faltblätter in Weiß oder Grau, 5 cm x 5 cm

Zunächst faltest du aus allen Faltblättern Basismodule (siehe S. 58 ff.).

1 Für den Mausrumpf fünf große Basismodule so ineinanderstecken, dass sich die längste Seite der Dreiecke unten befindet. Das Dreieck, das komplett sichtbar ist, wird zum Mauskopf.

2 Für die Ohren rundest du von zwei großen Modulen jeweils die Spitze mit der Schere ab.

3 Anschließend wird auf beiden Seiten hinter dem Kopf jeweils ein Ohr eingesteckt.

4 Nun das Mausgesicht aufmalen. Für den Schwanz die neun kleinen Module ineinanderstecken, die lange Seite der Dreiecke befindet sich unten. Zum Schluss noch den Schwanz in den Rumpf einstecken. Fertig ist ein kleines Mäuschen.

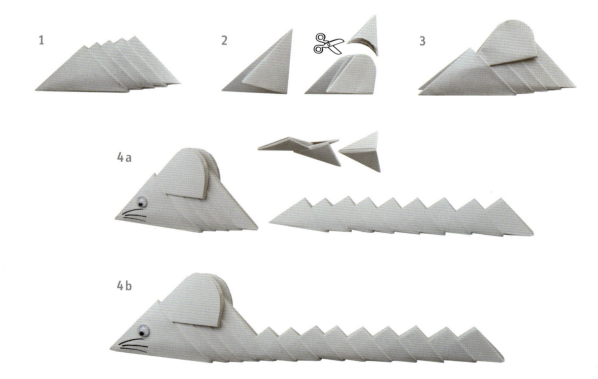

HEIMISCH

Familie Schildkröt

vergnügt im Wasser

MOTIV-LÄNGE
ca. 7 cm

MATERIAL PRO SCHILD-KRÖTE
* 4 Faltblätter in Braun, 10 cm x 10 cm
* 11 Faltblätter in Ocker, 5 cm x 5 cm

Für eine Schildkröte faltest du als erstes aus allen Faltblättern Basismodule (siehe S. 58 ff.).

1 Für den quadratischen Rumpf werden vier großen Module angeordnet, die lange Seite der Dreiecke sollte nach innen also zur Mitte des späteren Quadrats zeigen. Die Doppelspitze der Module ist dabei gegen den Uhrzeigersinn gerichtet.

2 Anschließend die Doppelspitze des rechten Moduls in die beiden Flügel des linken Moduls stecken.

3 Das dritte Modul steckst du ebenso ein.

4 Nun das vierte Modul einstecken. Das ist etwas schwieriger und gelingt erst nach mehreren Versuchen. Das Quadrat ist anfangs nur an den Spitzen zusammengesteckt und hat innen eine größere Öffnung. Schiebe das Quadrat zusammen, die Öffnung in der Mitte ist ganz klein.

5 Für den Kopf zwei kleine Module mit den Doppelspitzen in den Panzer stecken. Als Beine jeweils zwei Module ineinander und dann mit der Doppelspitze in den Panzer stecken. Das letzte kleine Modul als Schwanz ebenfalls mit der Doppelspitze in den Panzer stecken. Die Augen malst du auf.

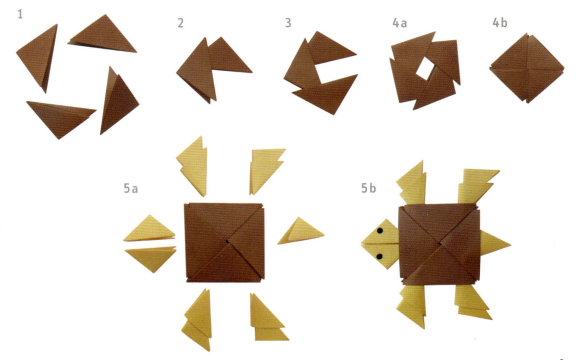

Agile Eidechsen

viel unterwegs

EXOTISCH

Aus allen Faltblättern faltest du zunächst Basismodule, wie auf Seite 58 ff. beschrieben.

1 Beim Zusammenstecken der Module darauf achten, dass die Doppelspitze stets nach rechts, also Richtung Schwanzspitze zeigt. Für den Kopf zwei große und für den Rumpf acht große Module zusammenstecken. Für den Schwanzansatz vier mittelgroße Module und für den Schwanz zehn kleine Module zusammenfügen.

2 Danach steckst du diese vier Einzelteile zu einem Ganzen zusammen.

3 Als Gelenke für die Beine vier aufgeklappte kleine Module verwenden. Sie werden von vorne aus gezählt und nach dem zweiten und dem siebten Modul auf beiden Rumpfseiten eingesteckt.

4 Für die vier Beine steckst du jeweils fünf kleine Module zusammen. Die Beine auf die Gelenke aufstecken. Die Fußspitzen sind jeweils Doppelspitzen. Abschließend malst du noch die Augen auf.

MOTIVLÄNGE
ca. 23 cm

MATERIAL PRO EIDECHSE
* 10 Faltblätter in Grün, 10 cm x 10 cm
* 4 Faltblätter in Grün, 7,5 cm x 7,5 cm
* 34 Faltblätter in Grün, 5 cm x 5 cm

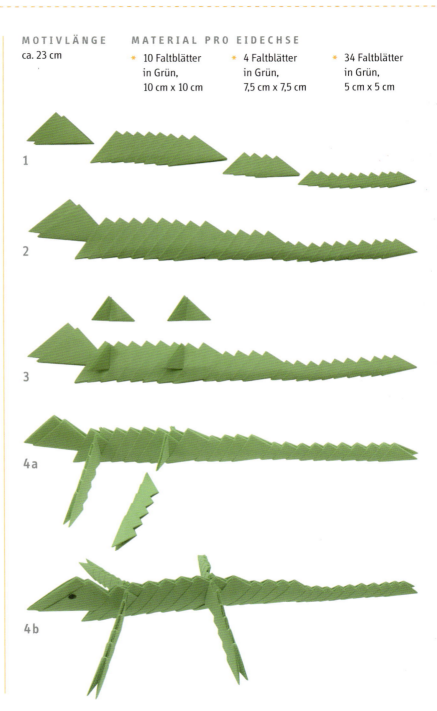

Stolzes Löwenpaar
wirklich königlich

Um einen stolzen Löwen zu gestalten, faltest du zuerst aus allen Faltblättern Basismodule.

1 Ein großes Modul mit der langen Seite nach oben und der Doppelspitze nach links anordnen. In die beiden Steckschlitze auf der linken Seite (als Hinterbeine) jeweils ein Modul mit der Doppelspitze nach oben einstecken.

2 Auf die nach rechts zeigende Doppelspitze steckst du ein Modul auf, die Doppelspitze zeigt ebenfalls nach rechts. Als Vorderbeine ein weiteres Modul aufstecken, diese Doppelspitze sollte nach unten zeigen.

3 Als Kopf ein großes Modul so legen, dass die Doppelspitze nach links zeigt. Die rechte Spitze mit der Schere als Schnauze abrunden.

4 Jetzt steckst du den Kopf auf.

5 Für die Löwin ordnest du ein kleines Modul an, die Doppelspitze zeigt nach links. Diese Doppelspitze mit der Schere zu Ohren abrunden. Die Ohren werden in den Hinterkopf eingesteckt.

6 Für den Schwanz zehn kleine ockerfarbene und ein braunes Modul zusammenstecken. Die Doppelspitze zeigt nach rechts. Den Schwanz in den Rumpf stecken und die Augen aufmalen.

7 Beim Löwen entfällt das Ohr. Stattdessen das große braune Modul mit der Doppelspitze nach unten über den Kopf legen und ankleben. Die Mähne anschließend über der Stirn mit der Schere abrunden. Den Schwanz steckst du an und die Augen werden aufgemalt.

MOTIVLÄNGE
ca. 17 cm

MATERIAL PRO LÖWE
* 6 Faltblätter in Ocker, 10 cm x 10 cm
* ggf. Faltblatt in Braun, 10 cm x 10 cm (Mähne)
* 10 bzw. 11 Faltblätter in Ocker, 5 cm x 5 cm
* Faltblatt in Braun, 5 cm x 5 cm

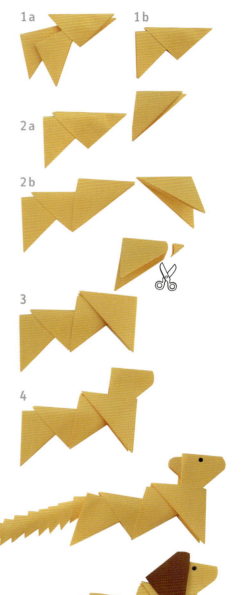

Freche Frösche

hüpfen ins kühle Nass

MOTIVLÄNGE
ca. 15 cm

MATERIAL PRO FROSCH
* 4 Faltblätter in Grün, 10 cm x 10 cm
* 34 Faltblätter in Grün, 5 cm x 5 cm
* 2 Wackelaugen, ø 7 mm

Zunächst faltest du aus allen Faltblättern Basismodule, wie ab Seite 58 beschrieben.

1 Für den quadratischen Rumpf die vier großen Module so anordnen, dass die lange Seite der Dreiecke nach innen also zur Mitte des späteren Quadrats zeigt. Die Doppelspitze der Module ist dabei gegen den Uhrzeigersinn gerichtet.

2 Stecke die Doppelspitze des rechten Moduls in die beiden Flügel des linken Moduls.

3 Das dritte Modul ebenso einstecken.

4 Nun das vierte Modul einstecken. Das ist etwas schwieriger und gelingt vielleicht erst nach mehreren Versuchen, aber mit ein bisschen Übung klappt es bestimmt. Das Quadrat ist anfangs nur an den Spitzen zusammengesteckt und hat innen eine größere Öffnung. Du schiebst das Quadrat so zusammen, dass die Öffnung in der Mitte ganz klein ist.

5 Für die beiden Vorderbeine jeweils sieben kleine Module ineinanderstecken. Bei den Hinterbeinen sind es jeweils zehn Module. Drehe den quadratischen Rumpf so, dass er auf einem Eck steht. Jetzt ordnest du Vorder- und Hinterbeine an, das Ende mit der Doppelspitze sollte jeweils zum Rumpf zeigen.

6 Zum Schluss die Vorder- und Hinterbeine in den Rumpf einstecken und die Wackelaugen aufkleben.

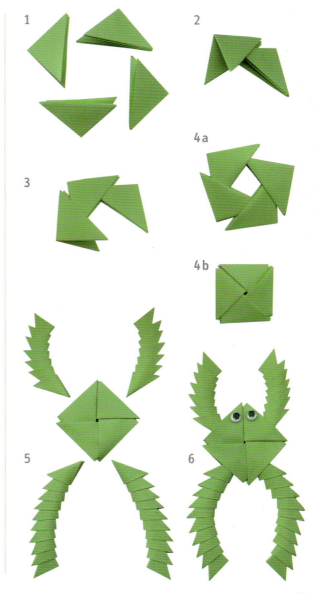

Schnelle Katzen

pass auf kleines Mäuschen

MOTIVLÄNGE
ca. 9 cm

MATERIAL
PRO KATZE

* 2 Faltblätter in Braun, 10 cm x 10 cm
* 2 Faltblätter in Weiß, 10 cm x 10 cm
* 5 Faltblätter in Braun, 5 cm x 5 cm
* 4 Faltblätter in Weiß, 5 cm x 5 cm

Für eine Katze faltest du zunächst aus allen Faltblättern Basismodule (siehe S. 58 ff.).

1 Als Vorderbeine ein großes braunes Modul anordnen, die Doppelspitze muss nach unten zeigen. Ein großes weißes Modul als Rumpf mit der Doppelspitze von oben in das Beinmodul einstecken.

2 Danach steckst du ein großes braunes Modul als Hinterbeine mit der Doppelspitze nach unten in das weiße Rumpfmodul ein.

3 Ordne ein großes weißes Modul so an, dass die lange Seite oben ist und die Doppelspitze nach links zeigt. Danach das Katzengesicht aufmalen. Zuerst das rechte Ohr mit der Doppelspitze nach unten einstecken. Wenn das linke Ohr eingesteckt ist, wird die Doppelspitze des Kopfes zusammengehalten.

4 In den Farben abwechselnd die kleinen Module als Schwanz zusammenstecken.

5 Am Schluss den Kopf auf die obere Spitze des braunen Vorderbeinmoduls aufstecken. Den Schwanz mit der Doppelspitze von oben ins Hinterbeinmodul einstecken.

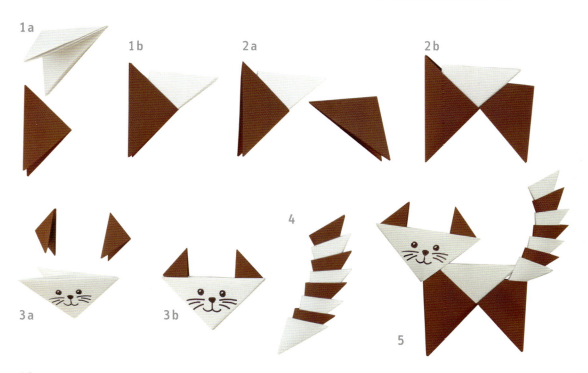

HEIMISCH

Der Fischer im Boot
Beschreibung Seite 20/21

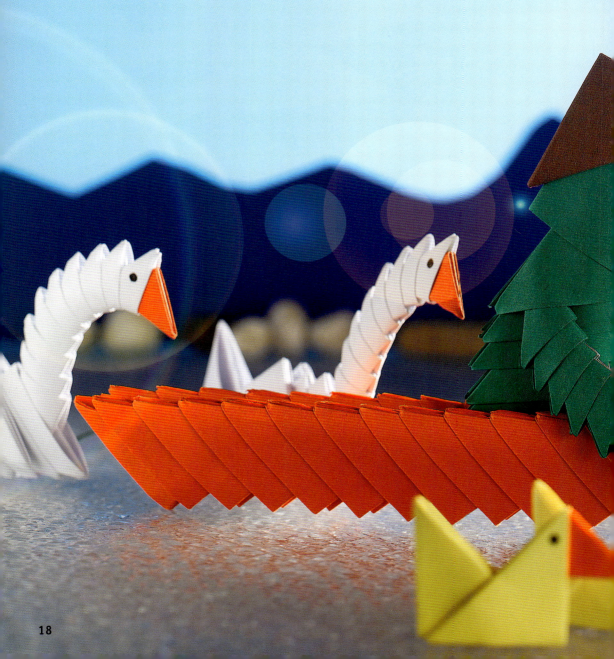

ABENTEUER

Der Fischer im Boot
mit netter Begleitung

MOTIVLÄNGE
ca. 22 cm

MATERIAL
FISCHER
* 8 Faltblätter in Grün, 10 cm x 10 cm
* Faltblatt in Braun, 10 cm x 10 cm
* Faltblatt in Beige, 7,5 cm x 7,5 cm
* 14 Faltblätter in Grün, 5 cm x 5 cm
* 2 Faltblätter in Beige, 5 cm x 5 cm

BOOT
* 42 Faltblätter in Orange, 10 cm x 10 cm

Zunächst faltest aus allen Faltblättern Basismodule.

1 Für den Rumpf sieben große grüne Module mit der Doppelspitze nach oben zusammenstecken. Als Kragen ein weiteres grünes Modul, jedoch seitlich gedreht und ebenfalls mit der Doppelspitze nach oben, aufstecken. Für das Gesicht nimmst du ein mittelgroßes beiges Modul.

2 Zuerst das Gesichtsmodul und dann den braunen Hut aufstecken. Für die Arme jeweils sieben kleine grüne und ein beiges Modul zusammenstecken.

3 Für die beiden Seitenwände des Boots steckst du jeweils zwanzig orangefarbene Module zusammen. Mit jeweils einem zusätzlichen Modul im Bug und im Heck werden beide Bootswände zusammengesteckt.

4 Zum Schluss den Rumpf des Fischers zwischen die Bootswände stecken und dann die Arme am Rumpf anstecken.

FORTSETZUNG **ABENTEUER**

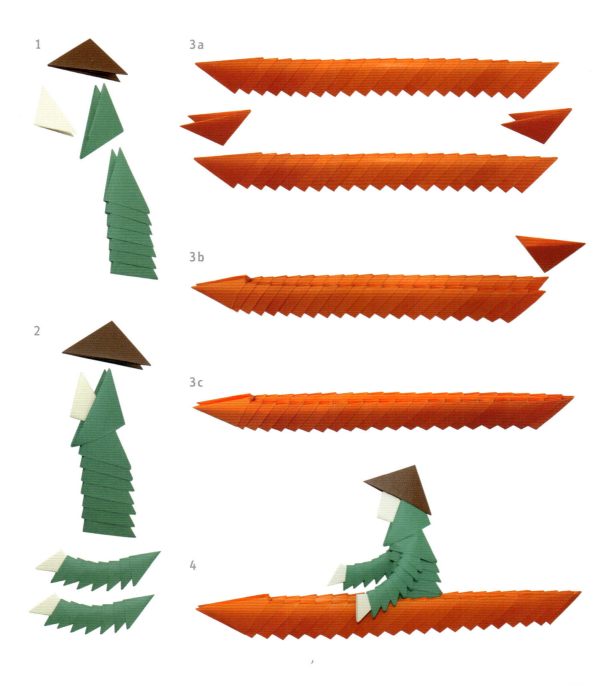

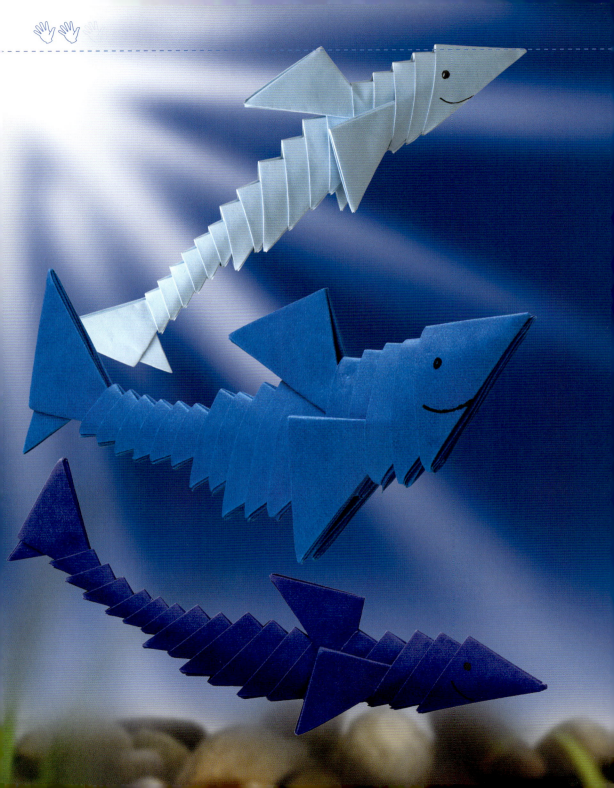

Flinke Haie

gar nicht gefährlich

MOTIVLÄNGE
ca. 18 cm

MATERIAL PRO HAI
* 13 Faltblätter in Blau, 10 cm x 10 cm
* 2 Faltblätter in Blau, 7,5 cm x 7,5 cm
* 7 Faltblätter in Blau, 5 cm x 5 cm

Als erstes faltest du für den gefährlichen Hai aus allen Faltblättern Basismodule (siehe S. 58 ff.).

1 Für den vorderen Rumpfteil samt Kopf fünf große Module zusammenstecken. Der Kopf ist als komplettes Modul sichtbar, an der Schnauze ist die Doppelspitze des Moduls. Dahinter befindet sich die Rückenflosse mit der Doppelspitze nach unten und dann folgt das mittlere Rumpfteil, das aus vier großen Modulen besteht. Die Doppelspitze zeigt nach vorne.

2 Stecke zuerst ein wenig die Doppelspitze der Rückenflosse in den vorderen Rumpfteil, danach das mittlere Rumpfteil einsetzen.

3 Das hintere Rumpfteil besteht aus zwei mittelgroßen Modulen und der Schwanz aus sechs kleinen Modulen. Diese Module werden am Hai eingesteckt.

4 Nun steckst du das letzte große Modul mit der Doppelspitze in den Schwanz ein. Das letzte kleine Modul von unten mit der Doppelspitze nach oben in die Schwanzflosse einstecken. Zwei Module als Brustflossen einstecken. Das Gesicht wird am Schluss aufgemalt.

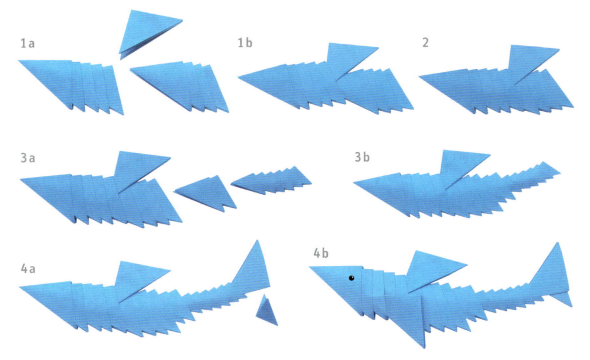

Niedliche Lämmer

auf der grünen Wiese

HEIMISCH

MOTIVLÄNGE
ca. 6 cm

MATERIAL PRO LAMM
* 3 Faltblätter in Weiß, 10 cm x 10 cm
* 2 Faltblätter in Weiß, 7,5 cm x 7,5 cm
* 2 Faltblätter in Weiß, 5 cm x 5 cm

Für die Lämmer faltest du zuerst aus allen Faltblättern Basismodule (siehe S. 58 ff.).

1 Danach werden zwei große Module geöffnet und ein Modul mit der Spitze in das andere Modul gesteckt. Nun das Ganze als Rumpf zusammenklappen.

2 Aus den beiden mittelgroßen Modulen werden Hals und Kopf. Vom Kopf rundest du mit der Schere die Modulspitze als Schnauze ab. Danach wird der Kopf mit der Doppelspitze in das Halsmodul gesteckt, diese Doppelspitze sollte nach unten zeigen.

3 Jetzt steckst du den Hals auf den Rumpf auf.

4 Die beiden kleinen Module jeweils mit einer Spitze am Kopf als Ohren einstecken. Zum Schluss malst du dem Lämmchen sein Gesicht mit Augen und Nase auf.

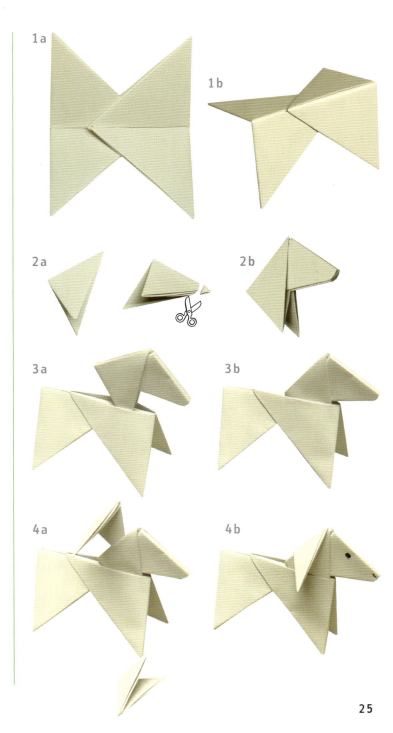

Familie Schwan
Beschreibung Seite 28/29

Familie Schwan

plant einen großen Ausflug

Jungschwan

Aus allen Faltblättern faltest du als erstes Basismodule.

1 Für einen kleinen Schwan den orangefarbenen Schnabel mit der Doppelspitze in den Kopf stecken. Die Doppelspitze des Kopfmoduls zeigt nach unten. Der Hals besteht aus zwei kleinen Modulen mit der Doppelspitze nach unten. Für den Rumpf steckst du die drei mittelgroßen Module mit der Doppelspitze nach rechts zusammen.

2 Den Kopf auf den Hals und den Hals auf den Rumpf aufstecken. Zum Schluss bekommt der Jungschwan seine Augen.

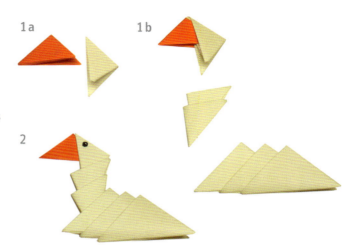

FORTSETZUNG **HEIMISCH**

MOTIVLÄNGE
Schwan ca. 9 cm
Jungschwan ca. 6 cm

MATERIAL
PRO SCHWAN
* 7 Faltblätter in Weiß, 10 cm x 10 cm
* 9 Faltblätter in Weiß, 5 cm x 5 cm
* Faltblatt in Orange, 5 cm x 5 cm

PRO JUNGSCHWAN
* 3 Faltblätter in Beige, 7,5 cm x 7,5 cm
* 3 Faltblätter in Beige, 5 cm x 5 cm
* Faltblatt in Orange, 5 cm x 5 cm

Schwan

Für einen Schwan faltest du zunächst alle Faltblätter zu Basismodulen (siehe S. 58 ff.).

1 Für den Rumpf steckst du vier große Module zusammen, die Doppelspitze zeigt nach links. Danach ein großes Modul mit der Doppelspitze nach unten als Schwanz aufstecken.

2 Als Flügel ein Modul aufklappen und eine Spitze am Rumpf einstecken. Den anderen Flügel ebenso anbringen.

3 Für den Hals werden neun kleine Module zusammengesteckt, die Doppelspitze sollte sich immer unten befinden. Als Schnabel das kleine orangefarbene Modul mit der Doppelspitze am oberen Halsende einstecken. Beim Schnabel ist diesmal die lange Seite des Moduls unten. Den Hals steckst du in den Rumpf. Abschließend die Augen aufmalen.

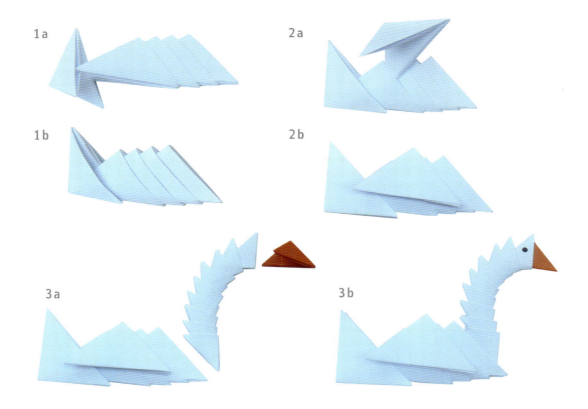

Wunderschöne Seesterne
bunt gefärbt

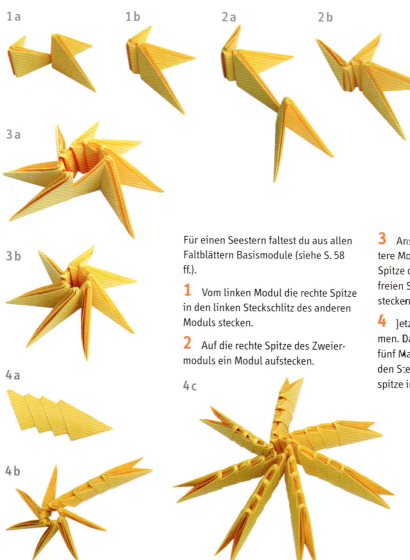

MOTIVDURCH-MESSER
ca. 10 cm

MATERIAL
GELBER SEESTERN
* 30 Faltblätter in Gelb, 5 cm x 5 cm

ROTER SEESTERN
* 30 Faltblätter in Rot, 5 cm x 5 cm

Für einen Seestern faltest du aus allen Faltblättern Basismodule (siehe S. 58 ff.).

1 Vom linken Modul die rechte Spitze in den linken Steckschlitz des anderen Moduls stecken.

2 Auf die rechte Spitze des Zweiermoduls ein Modul aufstecken.

3 Anschließend steckst du drei weitere Module auf. Danach die linke Spitze des letzten Moduls in den noch freien Steckschlitz des ersten Moduls stecken, sodass ein Stern entsteht.

4 Jetzt steckst du vier Module zusammen. Das wiederholst du insgesamt fünf Mal. Diese sechs Strahlen so auf den Stern aufstecken, dass die Doppelspitze immer außen ist.

Der rote Seestern wird ebenso gearbeitet. Auch hier ist die Doppelspitze immer außen, die Strahlen liegen jedoch diesmal auf dem Rücken.

EXOTISCH

Neugierige Taucher

forschen in der Tiefsee

Als erstes aus den zwei mittelgroßen blauen Faltblättern Ergänzungsmodule falten. Aus allen anderen Faltblättern Basismodule falten (siehe S. 58 ff.).

1 Für den Taucherkopf zwei mittelgroße rote Module so zu einem Quadrat anordnen, dass die Doppelspitzen schräg nach links unten zeigen. Diese Doppelspitzen in ein gleich großes Halsmodul stecken, dessen Doppelspitze ebenfalls nach links unten zeigt. Das kleine blaue Modul steckst du als Taucherbrille am Kopf ein.

2 Als Rumpf sechs große rote Module zusammenstecken – die Doppelspitze zeigt nach links unten. Der Hals wird in den Rumpf gesteckt.

3 Ein kleines rotes Modul aufklappen und eine Spitze als Schultergelenk am Rumpf einstecken. Wiederhole dies auch auf der anderen Seite.

4 Für die Arme jeweils neun kleine Module und für die Beine jeweils zehn Module ineinanderstecken. Als Flosse auf jedes Beinende ein aufgeklapptes und wieder zugeklapptes blaues Ergänzungsmodul kleben. Die Arme steckst du auf die Schultergelenke. Der Rumpf endet unten mit einer Doppelspitze. Zum Schluss auf jede Spitze ein Bein stecken.

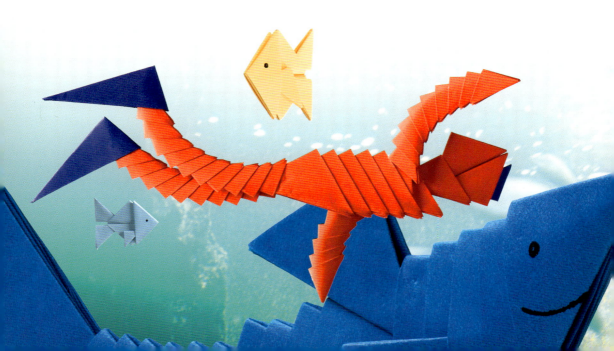

ABENTEUER

2 a

2 b

3

4 a

4 b

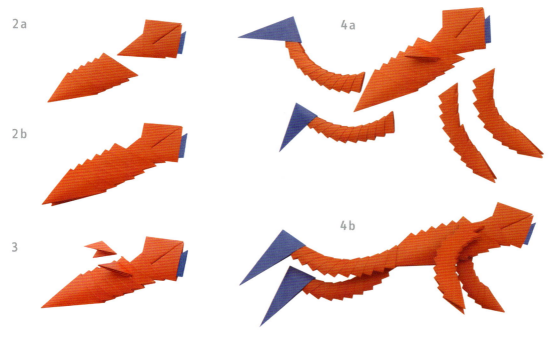

MOTIVLÄNGE
ca. 19 cm

**MATERIAL
PRO TAUCHER**

* 6 Faltblätter in Rot oder Orange, 10 cm x 10 cm
* 3 Faltblätter in Rot oder Orange, 7,5 cm x 7,5 cm
* 2 Faltblätter in Blau, 7,5 cm x 7,5 cm
* 40 Faltblätter in Rot oder Orange, 5 cm x 5 cm
* Faltblatt in Blau, 5 cm x 5 cm

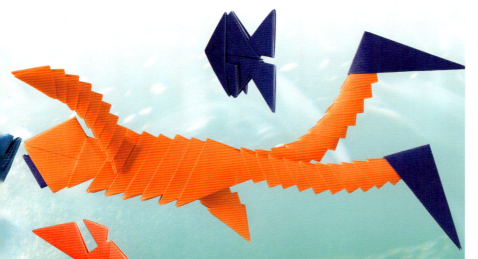

33

WILD

Scheue Rehe
im grünen Wald

MOTIVLÄNGE
ca. 6,5 cm

MATERIAL PRO REH
* 4 Faltblätter in Ocker, 10 cm x 10 cm
* Faltblatt in Ocker, 7,5 cm x 7,5 cm
* 2 Faltblätter in Ocker, 5 cm x 5 cm
* ggf. 2 Faltblätter in Braun, 5 cm x 5 cm

Zunächst fertigst du, wie auf Seite 58 beschrieben, Basismodule aus allen Faltblättern für die Rehe an.

1 Aus dem linken großen Modul werden die Vorderbeine. Ein zweites großes Modul als Rumpf mit der Doppelspitze von links in das Beinmodul einstecken.

2 In die beiden Steckschlitze des Rumpfmoduls, als Hinterbeine, steckst du jeweils ein großes Modul ein.

3 Als Kopf ein mittelgroßes Modul mit der Doppelspitze in das Vorderbeinmodul einstecken. Jeweils ein kleines Modul für die Ohren und den Schwanz einstecken. Die Augen malst du auf.

4 Für die Geweihstangen jeweils ein kleines braunes Modul aufklappen und eine Spitze am Kopf einstecken.

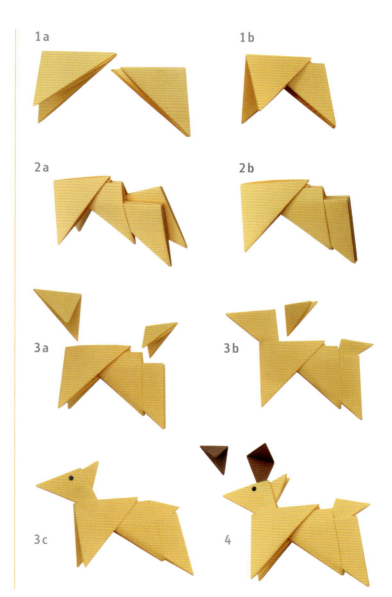

35

Vier Eulen

erwarten die Nacht

MOTIVHÖHE
ca. 8 cm

MATERIAL PRO EULE
- 2 Faltblätter in Braun, 10 cm x 10 cm
- Faltblatt in Orange, 10 cm x 10 cm
- 4 Faltblätter in Braun, 5 cm x 5 cm
- 2 Faltblätter in Ocker, 5 cm x 5 cm
- 2 Wackelaugen, ø 7 mm

Zunächst werden aus allen Faltblättern Basismodule gefaltet (siehe S. 58 ff.).

1 Für den Kopf sollte das orangefarbene Modul so gelegt werden, dass die lange Seite oben ist und die Doppelspitze nach links zeigt. Zuerst das rechte braune Ohr mit der Doppelspitze nach unten einstecken. Nun das zweite Ohr einstecken. Es hält die Doppelspitze des orangefarbenen Moduls zusammen.

2 Als nächstes wird der Rumpf erstellt. Die Doppelspitzen sollten nach oben zeigen, diese steckst du dann am Kopf ein.

3 Zwei kleine braune Module als Flügel mit den Doppelspitzen nach oben in die Steckschlitze der beiden braunen Rumpfmodule stecken.

4 Die beiden ockerfarbenen Module als Füße in die Steckschlitze der Rumpfmodule stecken. Diese Füße steckst du mit der Doppelspitze nach oben ein. Die Füße können auch so eingesteckt werden, dass die Doppelspitzen zur Seite zeigen, sodass an jedem Fuß zwei Zehen sind. Abschließend noch die Wackelaugen aufkleben und den Schnabel aufmalen.

HEIMISCH

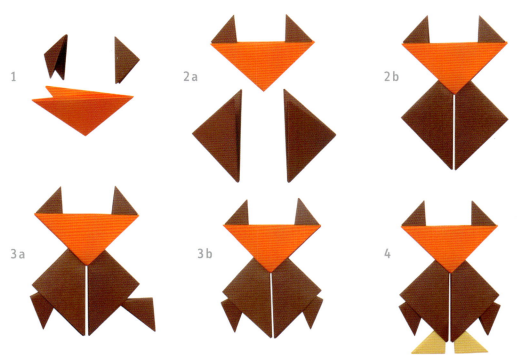

Zwei Hunde-Freunde

auf zu neuen Abenteuern

HEIMISCH

MOTIVLÄNGE
ca. 7 cm

MATERIAL PRO HUND
* 3 Faltblätter in Ocker oder Braun, 10 cm x 10 cm
* 3 Faltblätter in Ocker oder Braun, 7,5 cm x 7,5 cm
* 3 Faltblätter in Ocker oder Braun, 5 cm x 5 cm

Alle Blätter zu Basismodulen, wie auf Seite 58 beschrieben, falten.

1 Für die Hinterbeine von zwei großen Modulen jeweils die Doppelspitzen in die Einsteckschlitze eines mittelgroßen Moduls stecken.

2 Das so entstandene hintere Rumpfteil in ein großes Modul stecken, die Doppelspitze dieses Moduls wird zu den Vorderbeinen.

3 Aus den beiden verbleibenden mittelgroßen Modulen werden Hals und Kopf. Vom Kopf rundest du mit der Schere die Modulspitze als Schnauze ab. Jetzt den Kopf mit der Doppelspitze in das Halsmodul stecken, die Doppelspitze des Halses sollte nach unten zeigen.

4 Den Hals auf den Rumpf aufstecken.

5 Aus den drei kleinen Modulen werden Ohren und Schwanz. Zum Schluss malst du Augen und Nase auf.

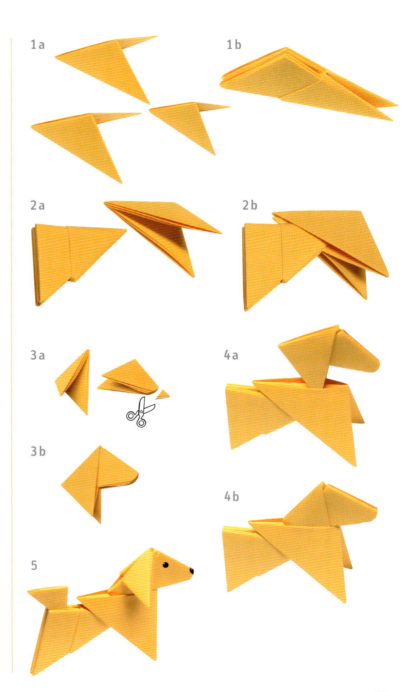

39

Freundliche Lamas

hatten eine lange Reise

EXOTISCH

MOTIVLÄNGE
ca. 7 cm

MATERIAL PRO LAMA
* 3 Faltblätter in Beige oder Weiß, 10 cm x 10 cm
* Faltblatt in Braun, 10 cm x 10 cm
* 2 Faltblätter in Beige oder Weiß, 7,5 cm x 7,5 cm
* 2 Faltblätter in Braun, 5 cm x 5 cm

Für ein Lama faltest du zunächst aus allen benötigten Faltblättern Basismodule (siehe S. 58 ff.).

1 Für die Vorderbeine das große braune Modul mit der Doppelspitze nach unten legen. Danach ein großes weißes Modul mit der Doppelspitze in die beiden braunen Steckschlitze einstecken.

2 Als Hinterbeine mit der Doppelspitze nach unten ein großes weißes Modul einstecken.

3 Als Hals ein großes weißes Modul mit der Doppelspitze in das braune Beinmodul einstecken. Anschließend fügst du das kleine braune Modul als Schwanz mit der Doppelspitze in das weiße Hinterbeinmodul ein.

4 Für die Halsverlängerung ein mittelgroßes weißes Modul mit der Doppelspitze nach oben auf den Hals stecken.

5 Der Kopf besteht aus einem mittelgroßen weißen Modul, bei dem die Doppelspitze mit der Schere abgeschnitten wird. Stecke den Kopf auf die Doppelspitze des Halses auf. Das kleine braune Modul als Ohren mit der Doppelspitze nach hinten am Hinterkopf einstecken. Die Augen werden am Schluss aufgemalt.

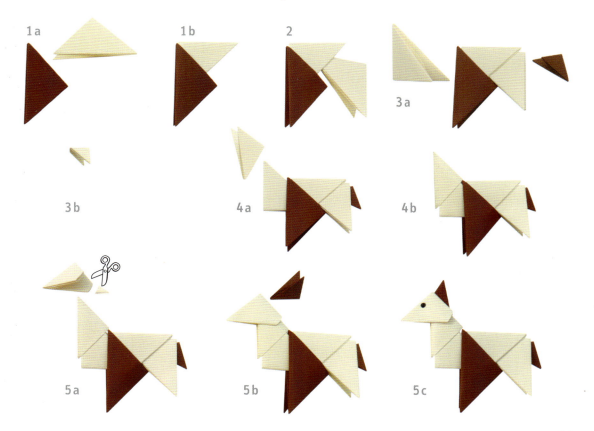

Vergnügte Entenfamilie
Beschreibung Seite 44/45

HEIMISCH

Vergnügte Entenfamilie

auf heimischen Gewässern

MOTIVLÄNGE
Entchen ca. 4 cm

MATERIAL
PRO ENTCHEN
* 2 Faltblätter in Gelb, 7,5 cm x 7,5 cm
* Faltblatt in Orange, 5 cm x 5 cm

Entchen

Für die Entchen faltest du aus allen Faltblättern Basismodule (siehe S. 58 ff.).

1 Für ein Entenkind die beiden gelben Module anordnen, die Doppelspitze des linken Moduls zeigt auf das rechte Modul und umgekehrt.

2 Danach das rechte Modul in das linke Modul stecken.

3 In das linke Modul das orangefarbene Modul als Schnabel mit der Doppelspitze einstecken. Die Entenkinder erhalten ihre Augen.

1

2

3

FORTSETZUNG **HEIMISCH**

Ente

Auch für die Enten faltest du aus allen Faltblättern Basismodule.

1 Für den Entenschwanz das mittelgroße Modul so legen, dass die Doppelspitze nach rechts zeigt. Rechts daneben liegt als Rumpf ein großes Modul mit der Doppelspitze nach links. Das Rumpfmodul steckst du in das Schwanzmodul.

2 Für den Flügel ein Modul öffnen und eine Spitze in den Steckschlitz des Rumpfes einstecken. Den anderen Flügel ebenso anbringen.

3 Dann ein großes Modul mit der Doppelspitze nach links in den Rumpf stecken.

4 Das grüne Modul mit der Doppelspitze nach links unten in den Rumpf einstecken. Zum Schluss den Schnabel mit der Doppelspitze nach links in den Kopf einstecken und die Augen aufmalen.

MOTIVLÄNGE
Ente ca. 8 cm

MATERIAL PRO ENTE
* 4 bzw. 5 Faltblätter in Braun, 10 cm x 10 cm
* ggf. Faltblatt in Grün, 10 cm x 10 cm
* Faltblatt in Braun, 7,5 cm x 7,5 cm
* Faltblatt in Gelb, 5 cm x 5 cm

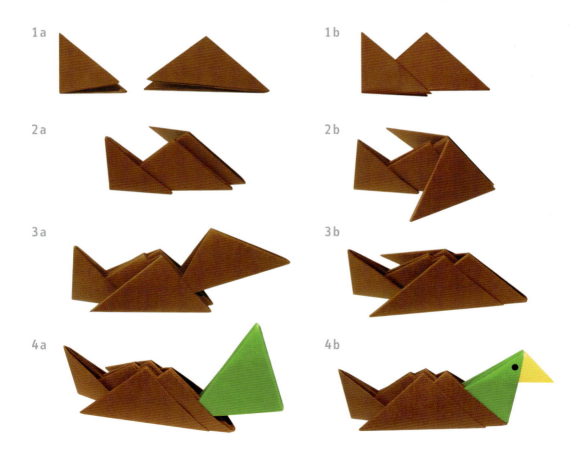

45

Schillernde Fische

schwimmen im Meer

MOTIVLÄNGE
blauer Fisch ca. 6 cm
roter Fisch ca. 7,5 cm

MATERIAL
PRO BLAUER FISCH
* 3 Faltblätter in Blau, 10 cm x 10 cm
* 2 Faltblätter in Blau, 7,5 cm x 7,5 cm
* 2 Faltblätter in Blau, 5 cm x 5 cm

PRO ROTER FISCH
* 5 Faltblätter in Rot, 10 cm x 10 cm
* 3 Faltblätter in Rot, 5 cm x 5 cm

Blauer Fisch

Falte für den blauen Fisch aus allen Faltblättern Basismodule.

1 Ein großes Modul als Kopf mit der langen Seite nach rechts und der Doppelspitze nach unten legen. Danach steckst du zwei große Module mit den Doppelspitzen nach links in das Kopfmodul ein.

2 Zwei mittelgroße Module mit der Doppelspitze nach links als Schwanzflosse in den Rumpf einstecken.

3 Als Brustflossen zwei kleine Module mit der Doppelspitze nach links hinter dem Kopfmodul einstecken. Die Augen malst du am Schluss auf.

Roter Fisch

Auch für den roten Fisch benötigst du aus allen Faltblättern Basismodule.

1 Ein großes Modul als Kopf mit der langen Seite nach links und der Doppelspitze nach unten legen. Zwei große Module mit den Doppelspitzen nach rechts in das Kopfmodul einstecken.

2 Stecke für die Schwanzflossen zwei große Module mit der Doppelspitze nach links in den Rumpf ein.

3 Drei kleine Module als Rücken- und Brustflossen einstecken. Zum Schluss malst du die Augen auf.

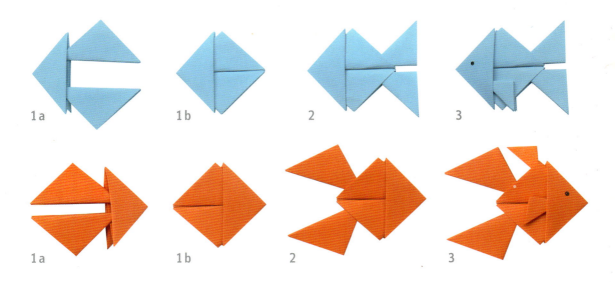

1a 1b 2 3

1a 1b 2 3

Schnelle Schäferhunde

machen gute Arbeit

HEIMISCH

MOTIVLÄNGE
ca. 14 cm

MATERIAL PRO HUND
* 6 Faltblätter in Braun, 10 cm x 10 cm
* 27 Faltblätter in Braun, 5 cm x 5 cm

Für die Schäferhunde faltest du aus allen Faltblättern Basismodule (siehe S. 58 ff.).

1 Links befinden sich die beiden Hinterbeinmodule, rechts das Hinterleibmodul. Die Hinterbeinmodule mit der Doppelspitze in die beiden Steckschlitze des Hinterleibmoduls einstecken.

2 Auf die Doppelspitze des Hinterleibmoduls noch ein großes Modul aufstecken.

3 Das Vorderbeinmodul steckst du auf die Doppelspitze auf, diese Doppelspitze muss nach unten zeigen.

4 Ins Vorderbeinmodul das Kopfmodul mit der Doppelspitze einstecken. Zwei kleine Module als Ohren einstecken.

5 Für die beiden Vorderbeine jeweils vier und für die Hinterbeine jeweils fünf kleine Module zusammenstecken. Die Module so aufstecken, dass die Beinenden jeweils Doppelspitzen sind. Für den Schwanz steckst du sechs Module zusammen. Am Schluss den Schwanz mit der Doppelspitze in den Rumpf stecken und die Augen aufmalen.

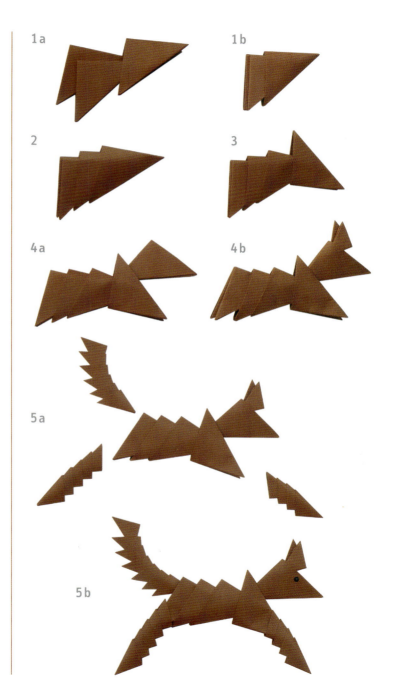

Schimmernde Eisvögel
zauberhaft schön

MOTIV-
LÄNGE
ca. 7 cm

MATERIAL
PRO
EISVOGEL
* 11 Faltblätter in Türkis, 10 cm x 10 cm
* 3 Faltblätter in Gelb, 7,5 cm x 7,5 cm
* 2 Wackelaugen, ø 7 mm

Aus allen blauen und zwei gelben Faltblättern Basismodule falten. Aus einem gelben Faltblatt faltest du ein Ergänzungsmodul.

1 Fünf blaue Module wie auf dem Foto anordnen. Die Modul links oben und rechts oben auf die anderen drei Module aufstecken. Es entsteht ein sechszackiger Stern.

2 Drei weitere Module um den Mittelstern wie auf dem Foto anordnen. Diese drei Module so auf den Mittelstern aufstecken, dass in jedem aufgesteckten Modul zwei Zacken des Mittelsterns sind.

3 Danach steckst du zwei weitere Module auf die mittleren vier Spitzen auf.

4 Für den Schnabel aus einem gelben Faltblatt ein Ergänzungsmodul falten und so zusammenkleben, dass ein flaches Dreieck entsteht. Den Schnabel in einen der beiden Steckschlitze eines blauen Moduls stecken.

5 Den Kopf auf die beiden mittleren Spitzen des Rumpfes stecken.

6 Als Füße zwei gelbe Module jeweils so unter das äußerste blaue Modul stecken, dass die Doppelspitze nach rechts zeigt. Zum Schluss klebst du die Wackelaugen auf.

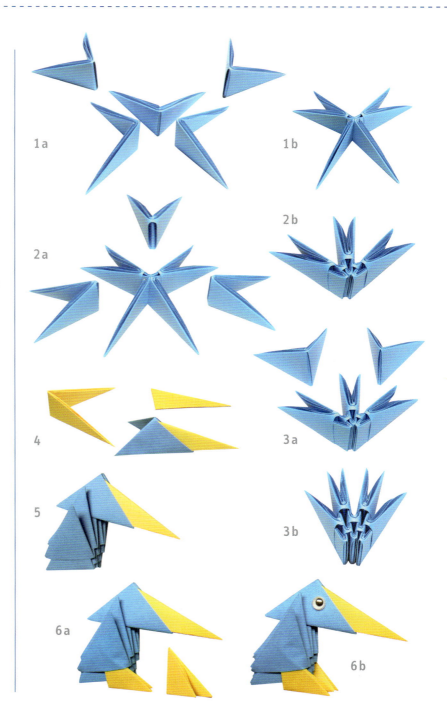

WILD

Edle Strauße
Beschreibung Seite 54/55

Edle Strauße

aus dem fernen Afrika

MOTIVHÖHE
ca. 15 cm

**MATERIAL
PRO STRAUSS**
* 8 Faltblätter
  in Schwarz,
  10 cm x 10 cm
* 2 Faltblätter
  in Weiß,
  10 cm x 10 cm
* 2 Faltblätter
  in Rosa,
  7,5 cm x 7,5 cm
* 25 Faltblätter
  in Rosa,
  5 cm x 5 cm
* Faltblatt in Orange

Um einen Strauß zu gestalten, faltest du zunächst aus allen Faltblättern Basismodule.

1 Die Doppelspitze des rechten schwarzen Moduls wird in die beiden Flügel des linken Moduls gesteckt.

2 Das dritte Modul steckst du ebenso ein.

3 Nun das vierte Modul einstecken. Das ist etwas schwieriger und gelingt erst nach mehreren Versuchen. Das Quadrat ist anfangs nur an den Spitzen zusammengesteckt und hat innen eine größere Öffnung. Schiebe das Quadrat zusammen, die Öffnung in der Mitte muss ganz klein sein.

4 Ein zweites schwarzes Quadrat aus vier weiteren Modulen zusammenstecken. Diese beiden schwarzen Quadrate aufeinanderlegen und von rechts und links jeweils ein weißes Modul einstecken. Das rechte weiße Modul als Halsansatz ganz einstecken. Das linke weiße Modul als Schwanz nur halb einstecken. Jetzt ist der Rumpf fertig.

5 Für den Hals acht rosa Module mit der Doppelspitze nach unten zusammenstecken. Den gelben Schnabel in ein weiteres rosa Modul stecken. Den Kopf auf den Hals stecken. Für die Beine jeweils acht kleine rosa Module zusammenstecken. Die Doppelspitze zeigt stets nach oben. Nun unten in die Beine jeweils ein mittelgroßes Modul als Fuß stecken. Die Doppelspitze zeigt jetzt nach rechts.

6 Den Hals und die Beine in den Rumpf einstecken. Die Augen werden am Schluss aufgemalt.

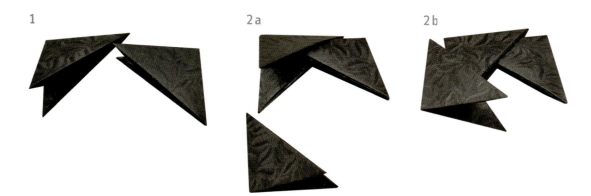

FORTSETZUNG WILD

Materialien und Werkzeuge

PAPIERE Quadratische Faltblätter eignen sich perfekt für Tangrami. Für die gezeigten Objekte werden drei Größen verwendet: 5 cm x 5 cm, 7,5 cm x 7,5 cm und 10 cm x 10 cm. Am besten eignen sich Faltblätter aus durchgefärbtem Papier. Außerdem können auch Faltblätter aus Transparentpapier und Seidenraupen-Transparentpapier verwendet werden. Dickere Papiere lassen sich nicht so exakt falten und sind deshalb ungeeignet.

Als Kleber eignen sich alle **ALLESKLEBER**. Keinen Klebstoff ohne Lösungsmittel verwenden, sonst wellt sich das Papier.

Die Faltlinien werden entweder mit dem Fingernagel oder einem **FALZBEIN** nachgezogen, damit die Falten bzw. Kanten sehr scharf sind.

Mit **FILZSTIFT** oder Konturenfarbe werden Augen, Nasen oder Nasenlöcher aufgetupft.

SO WIRD'S GEMACHT

TOPP-Tipps

Origamipapier

Origamipapier eignet sich von der Qualität her gut, allerdings ist es meist nur einseitig bedruckt. Wenn es diagonal gefaltet wird, ist zwar nur noch die bedruckte Seite sichtbar, man sieht aber die weißen Kanten.

Papier selbst zuschneiden

Wenn du nur Faltblätter der Größe 10 cm x 10 cm und ggf. auch 15 cm x 15 cm hast, kannst du die Faltblätter einfach vierteln und schon hast du die anderen Größen. Das Vierteln geht am einfachsten mit Cutter und Geodreieck® auf einer Schneideunterlage.

Papiergrößen variieren

Du kannst für die Modelle auch Papier in anderen Größen, z. B. 15 cm x 15 cm oder 20 cm x 20 cm verwenden. Dann werden die Modelle eben entsprechend größer.

Zusammenstecken der Module

Die Modelle werden alle zusammengesteckt. Es ist empfehlenswert, die Teile beim Zusammenstecken zusätzlich noch mit Alleskleber zu fixieren. Damit keine Klebstoffspuren auf dem Modell sichtbar sind, den Klebstoff nur auf die Innenseite der Doppelspitze auftragen.

Auftragen von Konturenfarbe

Damit dir Punkte und Augen gut gelingen, solltest du so vorgehen: Halte die Flasche senkrecht ca. 1 mm über das Papier. Die Spitze der Tülle berührt also das Papier nicht. Nun die Flasche oder Tube leicht zusammendrücken, sodass nur die Farbe das Papier berührt, und dann die Flasche senkrecht wegziehen. So wird der Punkt gleichmäßig rund und sieht aus wie ein kleiner Hügel.

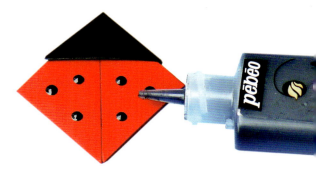

57

So wird's gemacht

Tangrami-Modelle werden hauptsächlich mit einem gefalteten, dreieckigen Modul, dem sogenannten Basismodul, gearbeitet. Ein zweites Modul, das Ergänzungsmodul, wird aufgrund seiner schmalen, langen Form vor allem für Blätter, Köpfe und Hälse verwendet. Grundlage beider Module ist ein Quadrat. Sie sind beide ganz einfach zu falten.

Basismodul

1   Zuerst legst du das Faltblatt auf einer Spitze stehend vor dich auf den Tisch. Dann wird es diagonal nach oben gefaltet, sodass ein Dreieck entsteht. Die lange Seite befindet sich unten.

2   Im zweiten Schritt faltest du die rechte Ecke auf die obere, mittlere Ecke.

3   Jetzt ist die linke Ecke dran. Auch sie wird auf die obere, mittlere Ecke gefaltet. Nun hast du ein Quadrat vor dir liegen.

4   Wende jetzt das Quadrat. Die nach oben gefalteten Spitzen bleiben oben.

5   Falte nun die obere Lage des Quadrats nach vorne und unten.

SO WIRD'S GEMACHT

6 Dann ist die rechte Spitze dran, auch sie wird von oben nach unten gefaltet.

7 Das Gleiche gilt für die linke Spitze. Falte sie von oben nach unten. Wenn du alles richtig gemacht hast, liegt nun ein Dreieck vor dir.

8 Zum Schluss wird noch die rechte Hälfte des Dreiecks nach links gefaltet.

9 Schon ist das Basismodul fertig.

10 So sieht das Basismodul im Detail aus. Deutlich sind zwei Einsteckschlitze zu erkennen. Das Modul steht hier auf seiner langen Seite, die Doppelspitze zeigt nach hinten.

59

Ergänzungsmodul

1 Zuerst legst du das Faltblatt auf der Spitze stehend vor dich. Dann wird es diagonal gefaltet und gleich wieder geöffnet. Jetzt ist eine senkrechte Faltlinie zu sehen.

2 Falte die rechte Seite so zur Mittellinie, dass oben eine schmale Spitze entsteht.

3 Dann wird die linke Seite ebenso zur Mittellinie gefaltet. So entsteht unten eine schmale Spitze.

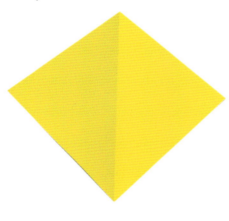

4+5 Wenn du nun beide Seiten erneut zur Mittellinie faltest, entsteht eine Raute.

6 Falte die rechte Hälfte der Raute nach links.

7 Zum Schluss musst du nur noch die untere Hälfte nach oben falten – das Ergänzungsmodul ist fertig.

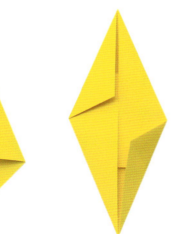

SO WIRD'S GEMACHT

Zusammenstecken der Module

Die fertigen Module können nun auf verschiedene Arten zu ganz vielen Motiven zusammengesteckt werden.

Steckverbindung 1

1 Hier stehen beide Module auf ihrer langen Seite und die Doppelspitze zeigt nach links.

2 Das gelbe Dreieck wird mit der Doppelspitze in die beiden Steckschlitze des orangefarbenen Dreiecks gesteckt.

Steckverbindung 2

1 Hier steht das orangefarbene Modul auf seiner langen Seite und die Doppelspitze zeigt nach links. Beim gelben Modul zeigt die Doppelspitze ebenfalls nach links, die kurze Seite zeigt hier allerdings nach unten, die lange Seite schräg nach oben.

2 Das gelbe Dreieck wird mit der Doppelspitze in die beiden Steckschlitze des orangefarbenen Dreiecks gesteckt.

Steckverbindung 3

1 Stelle zwei orangefarbene Module so auf den Tisch, dass die Doppelspitze jeweils nach links zeigt. Links davon steht ein gelbes Modul, ebenfalls mit der Doppelspitze nach links.

2 Stecke die linke orangefarbene Spitze in den rechten Schlitz des gelben Moduls.

3 Stecke die rechte orangefarbene Spitze in den linken Schlitz des gelben Moduls.

61

Buchtipps für Sie

TOPP 5298
ISBN 978-3-7724-5298-7

TOPP 5254
ISBN 978-3-7724-5254-3

TOPP 5721
ISBN 978-3-7724-5721-0

TOPP 3282
ISBN 978-3-7724-3282-8

TOPP 3383
ISBN 978-3-7724-3383-2

TOPP 3139
ISBN 978-3-7724-3139-5

TOPP 3724
ISBN 978-3-7724-3724-3

TOPP 3702
ISBN 978-3-7724-3702-1

TOPP 3678
ISBN 978-3-7724-3678-9

Bastelideen für Kinder

Basteln, das heißt spielen, staunen, begreifen, lernen und die eigene Kreativität entdecken. Ob hübsche Dekoration, tolle Bastelidee oder spielerische Förderung: In diesen Büchern werden Sie garantiert fündig.

QUICKFINDER

Die drei einfachsten Modelle

Süße Mäuse	▶ 06
Schnelle Katzen	▶ 16
Niedliche Lämmer	▶ 24

Die drei exotischsten Modelle

Agile Eidechsen	▶ 10
Wunderschöne Seesterne	▶ 30
Schillernde Fische	▶ 46

Die drei kniffligsten Modelle

Schimmernde Eisvögel	▶ 50
Neugierige Taucher	▶ 32
Edle Strauße	▶ 52

Armin Täubner lebt mit seiner Familie auf der Schwäbischen Alb und ist seit über 25 Jahren als ungemein vielseitiger Autor für den frechverlag tätig. Eigentlich ist er Lehrer für Englisch, Biologie und Bildende Kunst. Durch seine Frau, die unter ihrem Mädchennamen Inge Walz noch heute Bücher zu den verschiedensten Techniken im frechverlag veröffentlicht, kam der Allrounder zum Büchermachen. Zweifelsohne ein Glücksfall für die kreative Welt! Es gibt fast kein Material, das Armin Täubners Fantasie nicht beflügelt, und kaum eine Technik, die er sich nicht innerhalb kürzester Zeit angeeignet hat. Sein liebstes Material ist und bleibt aber Papier.

DANKE!

Wir danken der Firma Ludwig Bähr, Kassel, für die freundliche Bereitstellung von Material.

TOPP – Unsere Servicegarantie

WIR SIND FÜR SIE DA! Bei Fragen zu unserem umfangreichen Programm oder Anregungen freuen wir uns über Ihren Anruf oder Ihre Post. Loben Sie uns, aber scheuen Sie sich auch nicht, Ihre Kritik mitzuteilen – sie hilft uns, ständig besser zu werden.

Bei Fragen zu einzelnen Materialien oder Techniken wenden Sie sich bitte an unseren Kreativservice, Frau Erika Noll.
    mail@kreativ-service.info
    Telefon 0 50 52 / 91 18 58

Das Produktmanagement erreichen Sie unter:
    pm@frechverlag.de
    oder:
    frechverlag
    Produktmanagement
    Turbinenstraße 7
    70499 Stuttgart
    Telefon 07 11 / 8 30 86 68

LERNEN SIE UNS BESSER KENNEN! Fragen Sie Ihren Hobbyfach- oder Buchhändler nach unserem kostenlosen Kreativmagazin **Meine kreative Welt**. Darin entdecken Sie vierteljährlich die neuesten Kreativtrends und interessantesten Buchneuheiten.

Oder besuchen Sie uns im Internet! Unter **www.frechverlag.de** können Sie sich über unser umfangreiches Buchprogramm informieren, unsere Autoren kennenlernen sowie aktuelle Highlights und neue Kreativtechniken entdecken, kurz – die ganze Welt der Kreativität.

Kreativ immer up to date sind Sie mit unserem monatlichen **Newsletter** mit den aktuellsten News aus dem frechverlag, Gratis-Bastelanleitungen und attraktiven Gewinnspielen.

IMPRESSUM

FOTOS: frechverlag GmbH, 70499 Stuttgart; lichtpunkt, Michael Ruder, Stuttgart; Armin Täubner (alle Arbeitsschrittfotos und Seite 64)
PRODUKTMANAGEMENT UND LEKTORAT: Annika Bitten und Claudia Mack
GESTALTUNG: Petra Theilfarth
DRUCK UND BINDUNG: Finidr, s.r.o., Cesky Tesin, Tschechische Republik

Materialangaben und Arbeitshinweise in diesem Buch wurden von dem Autor und den Mitarbeitern des Verlags sorgfältig geprüft. Eine Garantie wird jedoch nicht übernommen. Autor und Verlag können für eventuell auftretende Fehler oder Schäden nicht haftbar gemacht werden. Das Werk und die darin gezeigten Modelle sind urheberrechtlich geschützt. Die Vervielfältigung und Verbreitung ist, außer für private, nicht kommerzielle Zwecke, untersagt und wird zivil- und strafrechtlich verfolgt. Dies gilt insbesondere für eine Verbreitung des Werkes durch Fotokopien, Film, Funk und Fernsehen.

Auflage: 5.   4.   3.   2.   1.
Jahr: 2014 2013 2012 2011 2010   [Letzte Zahlen maßgebend]

© 2010 **frechverlag** GmbH, 70499 Stuttgart

ISBN 978-3-7724-5816-3 • Best.-Nr. 5816